Bertrand Russell

Mathématicien, logicien, philosophe, épistémologue, homme politique
et moraliste britannique

Éloge de l'oisiveté

Traduit de l'anglais par MICHEL PARMENTIER

Édition: BoD · Books on Demand GmbH, In de Tarpen 42,
22848 Norderstedt (Allemagne)
Impression: Libri Plureos GmbH, Friedensallee 273,
22763 Hamburg (Allemagne)
ISBN: 978-2-3225-5787-5
Dépôt légal : Octobre 2024

Bertrand Russell

Mathématicien, logicien, philosophe, épistémologue, homme politique
et moraliste britannique

Éloge de l'oisiveté

Ainsi que la plupart des gens de ma génération, j'ai été élevé selon le principe que l'oisiveté est mère de tous vices. Comme j'étais un enfant pétri de vertu, je croyais tout ce qu'on me disait, et je me suis doté d'une conscience qui m'a contraint à peiner au travail toute ma vie. Cependant, si mes actions ont toujours été soumises à ma conscience, mes idées, en revanche, ont subi une révolution. En effet, j'en suis venu à penser que l'on travaille beaucoup trop de par le monde, que de voir dans le travail une vertu cause un tort immense, et qu'il importe à présent de faire valoir dans les pays industrialisés un point de vue qui diffère radicalement des préceptes traditionnels. Tout le monde connaît l'histoire du voyageur qui, à Naples, vit douze mendiants étendus au soleil (c'était avant Mussolini), et proposa une lire à celui qui se montrerait le plus paresseux. Onze d'entre eux bondirent pour venir la lui réclamer : il la donna donc au douzième. Ce voyageur était sur la bonne piste. Toutefois, dans les contrées qui ne bénéficient pas du soleil méditerranéen, l'oisiveté est chose plus difficile, et il faudra faire beaucoup de propagande auprès du public pour l'encourager à la cultiver. J'espère qu'après avoir lu les pages qui suivent, les dirigeants du Y.M.C.A. [1] lanceront une campagne afin d'inciter les jeunes gens honnêtes à ne rien faire, auquel cas je n'aurai pas vécu en vain.

Avant d'exposer mes arguments en faveur de la paresse, il faut que je réfute un raisonnement que je ne saurais accepter. Quand quelqu'un qui a déjà suffisamment d'argent pour vivre envisage de prendre un emploi ordinaire, d'enseignant ou de dactylo par exemple, on lui dit que cela revient à ôter le pain de la bouche à quelqu'un d'autre et que c'est donc mal faire. Si ce raisonnement était valide, nous n'aurions tous qu'à demeurer oisifs pour avoir du pain plein la bouche. Ce qu'oublient ceux qui avancent de telles choses, c'est que normalement on dépense ce que l'on gagne, et qu'ainsi on crée de l'emploi. Tant qu'on dépense son revenu, on met autant de pain dans la bouche des autres en

---

[1]   Young Men's Christian Association : Association Chrétienne de Jeunes Gens, qui existe toujours ainsi que son pendant féminin (N.d.T.)

dépensant qu'on en retire en gagnant de l'argent. Le vrai coupable, dans cette perspective, c'est l'épargnant. S'il se contente de garder ses économies dans un bas de laine, il est manifeste que celles-ci ne contribuent pas à l'emploi. Si, par contre, il les investit, cela devient plus compliqué, et divers cas se présentent.

L'une des choses les plus banales que l'on puisse faire de ses économies, c'est de les prêter à l'Etat. Etant donné que le gros des dépenses publiques de la plupart des Etats civilisés est consacré soit au remboursement des dettes causées par des guerres antérieures, soit à la réparation de guerres à venir, celui qui prête son argent à l'Etat se met dans une situation similaire à celle des vilains personnages qui, dans les pièces de Shakespeare, engagent des assassins. En fin de compte, le produit de son économie sert à accroître les forces armées de l'Etat auquel il prête ses épargnes. De toute évidence, il voudrait mieux qu'il dépense son pécule, quitte à le jouer ou à le boire.

Mais, me direz-vous, le cas est totalement différent si l'épargne est investie dans des entreprises industrielles. C'est vrai, du moins quand de telles entreprises réussissent et produisent quelque chose d'utile. Cependant, de nos jours, nul ne peut nier que la plupart des entreprises échouent. Ce qui veut dire qu'une frange partie du travail humain qui aurait pu être consacrée à produire quelque chose d'utile et d'agréable s'est dissipée dans la fabrication de machines qui, une fois fabriquées, sont restées inutilisées sans profiter à personne. Celui qui investit ses économies dans une entreprise qui fait faillite cause donc du tort aux autres autant qu'à lui-même. Si, par exemple, il dépendait son argent en fêtes pour ses amis, ceux-ci (on peut l'espérer) en retireraient du plaisir, ainsi d'ailleurs que tous ceux chez qui il s'approvisionnerait, comme le boucher, le boulanger et le bootlegger. Mais s'il le dépense, par exemple, pour financer la pose de rails de tramway en un endroit où on n'en a que faire, il a dévié une somme de travail considérable dans des voies où ce travail ne procure de plaisir à personne. Néanmoins, quand la faillite de son investissement l'aura réduit à la pauvreté, on le considérera comme la victime d'un malheur immérité, tandis que le joyeux prodigue, malgré le caractère philanthropique de ses dépenses, sera méprisé pour sa bêtise et sa frivolité.

Tout ceci n'est que préambule. Pur parler sérieusement, ce que je veux dire, c'est que le fait de croire que le TRAVAIL est une vertu est la cause de grands maux dans le monde moderne, et que la voie du bonheur et de la prospérité passe par une diminution méthodique du travail.

Et d'abord, qu'est-ce que le travail ? Il existe deux types de travail : le premier consiste à déplacer une certaine quantité de matière se trouvant à la surface de la terre, ou dans le sol même ; le second, à dire à quelqu'un d'autre de le faire. Le premier type de travail est désagréable et mal payé ; le second est agréable et très bien payé. Le second type de travail peut s'étendre de façon illimitée : il y a non seulement ceux qui donnent des ordres, mais aussi ceux qui donnent des conseils sur le genre d'ordres à donner. Normalement, deux sortes de conseils sont donnés simultanément par deux groupes organisés : c'est ce qu'on appelle la politique. Il n'est pas nécessaire pour accomplir ce type de travail de posséder des connaissances dans le domaine où l'on dispense des conseils : ce qu'il faut par contre, c'est maîtriser l'art de persuader par la parole et par l'écrit, c'est-à-dire l'art de la publicité.

Partout en Europe, mais pas en Amérique, il existe une troisième clase d'individus, plus respectée que ne l'est aucune des deux autres. Ce sont des gens qui, parce qu'ils possèdent des terres, sont en mesure de faire payer aux autres le privilège d'être autorisés à exister et à travailler. Ces propriétaires fonciers sont des oisifs et on pourrait donc d'attendre à ce que j'en fasse l'éloge. Malheureusement, leur oisiveté n'est rendue possible que par l'industrie des autres ;

en fait, leur désir d'une oisiveté confortable est, d'un point de vue historique, la source même du dogme du travail. La dernière chose qu'ils voudraient serait que d'autres suivent leur exemple.

Depuis le début de la civilisation jusqu'à la Révolution industrielle, en règle générale, un homme ne pouvait guère produire par son labeur plus qu'il ne lui fallait, à lui et à sa famille, pour subsister, même si sa femme peinait à la tâche au moins autant que lui, et si ses enfants se joignaient à eux dès qu'ils en étaient capables. Le peu d'excédent qui restait lorsqu'on avait assuré les choses essentielles de la vie n'était pas conservé par ceux qui l'avaient produit : c'étaient les guerriers et les prêtres qui se l'appropriaient. Par temps de famine, il n'y avait pas d'excédent, mais les prêtres et les guerriers prélevaient leur dû comme si de rien n'était, en sorte que nombre de travailleurs mouraient de faim.

C'est le système que connut la Russie jusqu'en 1917 [2] et qui perdure encore en Orient. En Angleterre, malgré la révolution industrielle, il continua à sévir tout au long des guerres napoléoniennes et jusque dans les années 1830, qui virent la montée d'une nouvelle classe de manufacturiers. En Amérique, il prit fin avec la Révolution, sauf dans le Sud,

---

[2] Depuis, les membres du parti communiste ont repris à leur compte ce qui était le privilège des prêtres et des guerriers.

où il se perpétua jusqu'à la guerre de Sécession. Un système qui a duré aussi longtemps et qui n'a pris fin que si récemment a naturellement laissé une marque profonde dans les pensées et les opinions des gens. La plupart de nos convictions quant aux avantages du travail sont issues de ce système : étant donné leurs origines pré-industrielles, il est évident que ces idées ne sont pas adaptées au monde moderne. La technique moderne a permis au loisir, jusqu'à un certain point, de cesser d'être la prérogative des classes privilégiées minoritaires pour devenir un droit également réparti dans l'ensemble de la collectivité. La morale du travail est une morale d'esclave, et le monde moderne n'a nul besoin de l'esclavage.

De tout évidence, s'ils avaient été laissés à eux-mêmes, les paysans des collectivités primitives ne se seraient jamais dessaisis du maigre excédent qui devait être consacré à la subsistance des prêtres et des guerriers, mais auraient soit réduit leur production, soit augmenté leur consommation. Au début, c'est par la force brute qu'ils furent contraints de produire ce surplus et de s'en démunir. Peu à peu cependant, on s'aperçut qu'il était possible de faire accepter à bon nombre d'entre aux une éthique selon laquelle il était de leur devoir de travailler dur, même si une partie de leur travail servait à entretenir d'autres individus dans l'oisiveté. De la sorte, la contrainte à exercer était moindre, et les dépenses du gouvernement en étaient diminuées d'autant. Encore aujourd'hui, 99 % des salariés britanniques seraient véritablement choqués si l'on proposait que le roi ne puisse jouir d'un revenu supérieur à celui d'un travailleur. La notion de devoir, du point de vue historique s'entend, fut un moyen qu'ont employé les puissants pour amener les autres à consacrer leur vie aux intérêts de leurs maîtres plutôt qu'aux leurs. Bien entendu, ceux qui détiennent le pouvoir se masquent cette réalité à eux-mêmes en se persuadant que leurs intérêts coïncident avec ceux de l'humanité toute entière. C'est parfois vrai : les Athéniens qui possédaient des esclaves, par exemple, employèrent une partie de leurs loisirs à apporter à la civilisation une contribution permanente, ce qui aurait été impossible sous un régime économique équitable. Le loisir est indispensable à la civilisation, et, jadis, le loisir d'un petit nombre n'était possible que grâce au labeur du grand nombre. Mais ce labeur avait de la valeur, non parce que le travail est une bonne chose, mais parce que le loisir est une bonne chose. Grâce à la technique moderne, il serait possible de répartir le loisir de façon équitable sans porter préjudice à la civilisation.

La technique moderne a permis de diminuer considérablement la somme de travail requise pour procurer à chacun les choses indispensables à la vie. La preuve en fut faite durant la guerre [3]. Au cours de celle-ci, tous les hommes mobilisés sous les drapeaux, tous les hommes mobilisés sous les drapeaux, tous les hommes et toutes les femmes affectés soit à la production de munitions, soit encore à l'espionnage, à la propagande ou à un service administratif relié à la guerre, furent retirés des emplois productifs. Malgré cela, le niveau de bien-être matériel de l'ensemble des travailleurs non-spécialisés du côté des Alliés était plus élevé qu'il ne l'était auparavant ou qu'il ne l'a été depuis. La portée de ce fait fut occultée par des considérations financières : les emprunts donnèrent l'impression que le futur nourrissait le présent. Bien sûr, c'était là chose impossible : personne ne peut manger un pain qui n'existe pas encore. La guerre a démontré de façon concluante que l'organisation scientifique de la production permet de subvenir aux besoins des populations modernes en n'exploitant qu'une part minime de la capacité de travail du monde actuel. Si, à la fin de la guerre, cette organisation scientifique (laquelle avait été mise au point pour dégager un bon nombre d'hommes afin qu'ils puissent être affectés au combat ou au service des munitions) avait été préservée, et si on avait pu réduire à quatre le nombre d'heures de travail, tout aurait été pour le

---

[3]   Celle de 1914-1918. (N.d.T.)

mieux. Au lieu de quoi, on en est revenu au vieux système chaotique où ceux dont le travail était en demande devaient faire de longues journées tandis qu'on abandonnait le reste au chômage et à la faim. Pourquoi ? Parce que le travail est un devoir et que le salaire d'un individu ne doit pas être proportionné à ce qu'il produit, mais proportionné à sa vertu, laquelle se mesure à son industrie.

On reconnaît la morale de l'Etat esclavagiste, mais s'appliquant cette fois dans des circonstances qui n'ont rien à voir avec celles dans lesquelles celui-ci a pris naissance. Comment s'étonner que le résultat ait été désastreux ? Prenons un exemple. Supposons qu'à un moment donné, un certain nombre de gens travaillent à fabriquer des épingles. Ils fabriquent autant d'épingles qu'il en faut dans le monde entier, en travaillant, disons, huit heures par jour. Quelqu'un met au point une invention qui permet au même nombre de personnes de faire deux fois plus d'épingles qu'auparavant. Bien, mais le monde n'a pas besoins de deux fois plus d'épingles : les épingles sont déjà si bon marché qu'on n'en achètera guère davantage même si elles coûtent moins cher. Dans un monde raisonnable, tous ceux qui sont employés dans cette industrie se mettraient à travailler quatre heures par jour plutôt que huit, et tout irait comme avant. Mais dans le monde réel, on craindrait que cela ne démoralise les travailleurs. Les gens continuent donc à travailler huit heures par jour, il y a trop d'épingles, des employeurs font faillite, et la moitié des ouvriers perdent leur emploi. Au bout du compte, la somme de loisir est la même dans ce cas-ci que dans l'autre, sauf que la moitié des individus concernés en sont réduits à l'oisiveté totale, tandis que l'autre moitié continue à trop travailler. On garantit ainsi que le loisir, par ailleurs inévitable, sera cause de misère pour tout le monde plutôt que d'être une source de bonheur universel. Peut-on imaginer plus absurde ?

L'idée que les pauvres puissent avoir des loisirs a toujours choqué les riches. En Angleterre, au XIXe siècle, la journée de travail normale était de quinze heures pour les hommes, de douze heures pour les enfants, bien que ces derniers aient parfois travaillé quinze heures aux aussi. Quand des fâcheux, des empêcheurs de tourner en rond suggéraient que c'était peut-être trop, on leur répondait que le travail évitait aux adultes de sombrer dans l'ivrognerie et aux enfants de faire des bêtises. Dans mon enfance, peu après que les travailleurs des villes eurent acquis le droit de vote, un certain nombre de jours fériés furent établis en droit, au grand dam des classes supérieures. Je me rappelle avoir entendu une vieille duchesse qui disait : « Qu'est-ce que les pauvres vont faire avec des congés ? C'est travailler qu'il leur faut. » De nos jours, les gens sont moins francs, mais conservent les mêmes idées reçues, lesquelles sont en grande partie à l'origine de notre confusion dans le domaine économique.

Examinons un instant cette morale du travail de façon franche et dénuée de superstition. Chaque être humain consomme nécessairement au cours de son existence une certaine part de ce qui est produit par le travail humain. Si l'on suppose, comme il est légitime, que le travail est dans l'ensemble désagréable, il est injuste qu'un individu consomme davantage qu'il ne produit. Bien entendu, il peut fournir des services plutôt que des biens de consommation, comme un médecin, par exemple ; mais il faut qu'il fournisse quelque chose en échange du gîte et du couvert. En ce sens, il faut admettre que le travail est un devoir, mais en ce sens seulement.

Je n'insisterai pas sur le fait que dans toutes les sociétés modernes, mis à part l'U.R.S.S., beaucoup de gens échappent même à ce minimum de travail, je veux parler de ceux qui reçoivent de l'argent par héritage ou par mariage. Je pense qu'il est beaucoup moins nuisible de permettre à ces gens-là de vivre oisifs que de condamner ceux qui travaillent à se crever à la tâche ou à crever de faim.

Si le salarié ordinaire travaillait quatre heures par jour, il y aurait assez de tout pour tout le monde, et pas de chômage (en supposant qu'on ait recours à un minimum d'organisation rationnelle). Cette idée choque les nantis parce qu'ils sont convaincus que les pauvres ne sauraient comment utiliser autant de loisir. En Amérique, les hommes font souvent de longues journées de travail même s'ils sont déjà très à l'aise ; de tels hommes sont naturellement indignés à l'idée que les salariés puissent connaître le loisir, sauf sous la forme d'une rude punition pour s'être retrouvés au chômage. En fait, ils exècrent le loisir, même pour leur fils. Chose pourtant curieuse, alors qu'ils veulent que leurs fils travaillent tellement qu'ils n'aient pas le temps d'être civilisés, ça ne les dérange pas que leurs femmes et leurs filles n'aient absolument rien à faire. Dans une société aristocratique, l'admiration que le snobisme voue à l'inutile s'étend aux deux sexes, alors que, dans une ploutocratie, elle se limite aux femmes, ce qui n'est d'ailleurs pas pour la rendre plus conforme au sens commun.

Le bon usage du loisir, il faut le reconnaître, est le produit de la civilisation et de l'éducation. Un homme qui a fait de longues journées de travail toute sa vie s'ennuiera s'il est soudain livré à l'oisiveté. Mais sans une somme considérable de loisir à sa disposition, un homme n'a pas accès à la plupart des meilleures choses de la vie. Il n'y a plus aucune raison pour que la majeure partie de la population subisse cette privation ; seul un ascétisme irréfléchi, qui s'exerce généralement par procuration, entretient notre obsession du travail excessif à présent que le besoin ne s'en fait plus sentir.

Quoique le nouveau dogme auquel est soumis le gouvernement de la Russie comporte de grandes différences avec l'enseignement traditionnel de l'Occident, il y a certaines choses qui n'ont aucunement changé. L'attitude des classes gouvernantes, en particulier de ceux qui s'occupent de propagande éducative, quant à la dignité du travail, est presque exactement celle que les classes gouvernantes du monde entier ont toujours prêchées à ceux que l'on appelait les « bons pauvres ». Etre industrieux, sobre, disposé à travailler dur pour des avantages lointains, tout cela revient sur le tapis, même la soumission à l'autorité. D'ailleurs, l'autorité représente toujours la volonté du Maître de l'Univers, lequel, toutefois, est maintenant connu sous le nom de Matérialisme Dialectique.

La victoire du prolétariat en Russie a certains points en commun avec la victoire des féministes dans d'autres pays. Durant des siècles, les hommes avaient concédé aux femmes la supériorité sur l'échelle de la sainteté et les avaient consolées de leur infériorité en faisant valoir que la sainteté est plus désirable que le pouvoir. A la fin, les féministes ont décidé qu'elles voulaient les deux, puisque les premières d'entre elles croyaient tout ce que les hommes leur avaient raconté sur l'excellence de la vertu, mais pas ce qu'ils leur avaient dit quant à l'insignifiance du pouvoir politique. Quelque chose d'analogue s'est produit en Russie en ce qui a trait au travail manuel. Pendant des siècles, les riches et leurs thuriféraires ont fait l'éloge de « l'honnête labeur », ont vanté la vie simple, ont professé une religion qui enseigne que les pauvres ont bien plus de chances que les riches d'aller au paradis. En général, ils ont essayé de faire au paradis. En général, ils ont essayé de faire croire aux travailleurs manuels que toute activité qui consiste à déplacer de la matière revêt une certaine forme de noblesse, tout comme les hommes ont tenté de faire croire aux femmes que leur esclavage sexuel leur conférait une espèce de grandeur. En Russie, toutes ces leçons portant sur l'excellence du travail manuel ont été prises au sérieux, tant et si bien que le travailleur manuel est placé sur un piédestal. On lance ainsi des appels à une mobilisation, au nom de valeurs essentiellement passéistes, mais pas à des fins traditionnelles, plutôt dans le but de recruter des travailleurs de choc pour des tâches déterminées. Le travail manuel est l'idéal que l'on présente aux jeunes, il est aussi à la base de toute leçon de morale.

Pour l'instant, il est possible que ce soit très ben ainsi. Un pays immense, regorgeant de ressources naturelles, attend d'être développé, et ce développement doit s'effectuer sans qu'on puisse recourir au crédit. Dans de telles circonstances, un travail acharné est nécessaire et portera probablement ses fruits. Mais que va-t-il se passer lorsqu'on aura atteint le point où il serait possible que tout le monde vive à l'aise sans trop travailler ?

À l'Ouest, nous avons diverses manières de résoudre le problème. En l'absence de toute tentative de justice économique, une grande proportion du produit global va à une petite minorité de la population, laquelle compte beaucoup d'oisifs. Comme il n'existe pas de contrôle central de la production, nous produisons énormément de choses dont nous n'avons pas besoin. Nous maintenons une forte proportion de la main-d'œuvre en chômage parce que nous pouvons nous passer d'elle en surchargeant de travail ceux qui restent. Quand toutes ces méthodes s'avèrent insuffisantes, nous faisons la guerre : nous employons ainsi un certain nombre de gens à fabriquer des explosifs et d'autres à les faire éclater, comme si nous étions des enfants qui venaient de découvrir les feux d'artifice. En combinaison ces divers procédés, nous parvenons, non sans mal, à préserver l'idée que le travail manuel, long et pénible, est le lot inéluctable de l'homme du commun.

En Russie, étant donné qu'il n'y a plus de justice économique et de contrôle centralisé de la production, le problème sera résolu différemment. La solution rationnelle serait, aussitôt qu'on aura subvenu aux besoins essentiels de chacun et assuré un minimum de confort, de réduire graduellement les heures de travail, en laissant à la population le soin de décider par référendum, à chaque étape, s'il vaut mieux augmenter le loisir ou la production. Toutefois, comme les autorités en place ont fait du labeur la vertu suprême, on voit mal comment elles pourront viser un paradis où il y aura beaucoup de loisir et peu de travail. Il semble plus probable qu'elles trouveront continuellement de nouvelles raisons de justifier le sacrifice du loisir présent au profit d'une productivité future. J'ai lu récemment que des ingénieurs russes ont proposé un plan assez ingénieux pour augmenter la température de la mer Blanche et du littoral septentrional de la Sibérie en construisant un barrage sur la mer de Kara. Projet admirable, mais qui risque de reporter d'une génération le confort des prolétaires, pendant que l'effort laborieux déploie toute sa noblesse parmi les champs de glace et les tempêtes de neige de l'océan Arctique. Si une telle entreprise devait voir le jour, elle ne saurait résulter que d'une conception du travail pénible comme une fin en soi, plutôt que comme moyen de parvenir à un état de choses où ce genre de travail ne sera plus nécessaire.

Le fait est que l'activité qui consiste à déplacer de la matière, si elle est, jusqu'à un certain point, nécessaire à notre existence, n'est certainement pas l'une des fins de la vie humaine. Si c'était le cas, nous devrions penser que n'importe quel terrassier est supérieur à Shakespeare. Deux facteurs nous ont induits en erreur à cet égard. L'un, c'est qu'il faut bien faire en sorte que les pauvres soient contents de leur sort, ce qui a conduit les riches, durant des millénaires, à prêcher la dignité du travail, tout en prenant bien soin eux-mêmes de manquer à ce noble idéal. L'autre est le plaisir nouveau que nous procure la mécanique en nous permettant d'effectuer à la surface de la terre des transformations d'une étonnante ingéniosité. En fait, aucun de ces deux facteurs ne saurait motiver celui qui doit travailler. Si vous lui demandez son opinion sur ce qu'il y a de mieux dans sa vie, il y a peu de chances qu'il vous réponde : « J'aime le travail manuel parce que ça donne l'impression d'accomplir la tâche la plus noble de l'homme, et aussi parce que j'aime penser aux transformations que l'homme est capable de faire subir à sa planète. C'est vrai que mon corps a besoin de périodes de repos, où il faut que je m'occupe du mieux que je peux, mais je ne suis jamais aussi content que quand vient le matin et que je veux retourner à la besogne qui est la source de mon bonheur. » Je n'ai jamais entendu d'ouvriers parler de la sorte. Ils considèrent, à juste titre, que le travail est un moyen nécessaire pour gagner sa vie, et c'est de leurs heures de loisir qu'ils tirent leur bonheur, tel qu'il est.

On dira que, bien qu'il soit agréable d'avoir un peu de loisir, s'ils ne devaient travailler que quatre heures par jour, les gens ne sauraient pas comment remplir leurs journées. Si cela est vrai dans le monde actuel, notre civilisation est bien en faute ; à une époque antérieure, ce n'aurait pas été le cas. Autrefois, les gens étaient capables d'une gaieté et d'un esprit ludique qui ont été plus ou moins inhibés par le culte de l'efficacité. L'homme moderne pense que toute activité doit servir à autre chose, qu'aucune activité ne doit être une fin en soi. Les gens sérieux, par exemple, condamnent continuellement l'habitude d'aller au cinéma, et nous disent que c'est une habitude qui pousse les jeunes au crime. Par contre, tout le travail que demande la production cinématographique est responsable, parce qu'il génère des bénéfices financiers. L'idée que les activités désirables sont celles qui engendrent des profits a tout mis à l'envers. Le boucher, qui vous fournit en viande, et le boulanger, qui vous fournit en pain, sont dignes d'estime parce qu'ils gagnent de l'argent ; mais vous, quand vous savourez la nourriture qu'ils vous ont fournie, vous n'êtes que frivole, à moins que vous ne mangiez dans l'unique but de reprendre des forces avant de vous remettre au travail. De façon générale, on estime que gagner de l'argent, c'est bien, mais que le dépenser, c'est mal. Quelle absurdité, si l'on songe qu'il y a toujours deux parties dans une transaction : autant soutenir que les clés, c'est bien, mais les trous de serrure, non. Si la production de biens a quelque mérite, celui-ci ne saurait résider que dans l'avantage qu'il peut y avoir à les consommer. Dans notre société, l'individu travaille pour le profit, mais la finalité sociale de son travail réside dans la consommation de ce qu'il produit. C'est ce divorce entre les fins individuelles et les fins sociales de la production qui empêche les gens de penser clairement dans un monde où c'est le profit qui motive l'industrie. Nous pensons trop à la production, pas assez à la consommation. De ce fait, nous attachons trop peu d'importance au plaisir et au bonheur simple, et nous ne jugeons pas la production en fonction du plaisir qu'elle procure au consommateur.

Quand je suggère qu'il faudrait réduire à quatre le nombre d'heures de travail, je ne veux pas laisser entendre qu'il faille dissiper en pure frivolité tout le temps qui reste.

Je veux dire qu'en travaillant quatre heures par jour, un homme devrait avoir droit aux choses qui sont essentielles pour vivre dans un minimum de confort, et qu'il devrait pouvoir disposer du reste de son temps comme bon lui semble. Dans un tel système social, il est indispensable que l'éducation soit pour vivre dans un minimum de confort, et qu'il devrait pouvoir disposer du reste de son temps comme bon lui semble. Sans un tel système social, il est indispensable que l'éducation soit poussée beaucoup plus loin qu'elle ne l'est actuellement pour la plupart des gens, et qu'elle vise, en partie, à développer des goûts qui puissent permettre à l'individu d'occuper ses loisirs intelligemment. Je ne pense pas principalement aux choses dites « pour intellos ». Les danses paysannes, par exemple, ont disparu, sauf au fond des campagnes, mais les impulsions qui ont commandé à leur développement doivent toujours exister dans la nature humaine. Les plaisirs des populations urbaines sont devenus essentiellement passifs : aller au cinéma, assister à des matchs de football, écouter la radio, etc. Cela tient au fait que leurs énergies actives sont complètement accaparées par le travail ; si ces populations avaient davantage de loisir, elles recommenceraient à goûter des plaisirs auxquels elles prenaient jadis une part active.

Autrefois, il existait une classe oisive assez restreinte et une classe laborieuse plus considérable. La classe oisive bénéficiait d'avantages qui ne trouvaient aucun fondement dans la justice sociale, ce qui la rendait nécessairement despotique, limitait sa compassion, et l'amenait à inventer des théories qui pussent justifier ses privilèges. Ces caractéristiques flétrissaient quelque peu ses lauriers, mais, malgré ce handicap, c'est à elle que nous devons la quasi totalité de ce que nous appelons la civilisation. Elle a cultivé les arts et découvert les sciences ; elle a écrit les livres, inventé les philosophies et affiné les rapports sociaux. Même la libération des opprimés a généralement reçu son impulsion d'en haut. Sans la classe oisive, l'humanité ne serait jamais sortie de la barbarie.

Toutefois, cette méthode consistant à entretenir une classe oisive déchargée de toute obligation entraînait un gaspillage considérable. Aucun des membres de cette classe n'avait appris à être industrieux, et, dans son ensemble, la classe elle-même n'était pas exceptionnellement intelligente. Elle a pu engendrer un Darwin, mais, en contrepartie, elle a pondu des dizaines de milliers de gentilshommes campagnards dont les aspirations intellectuelles se bornaient à chasser le renard et à punir les braconniers. A présent, les universités sont censées fournir, d'une façon plus systématique, ce que la classe oisive produisait de façon accidentelle comme une sorte de sous-produit. C'est là un grand progrès, mais qui n'est pas sans inconvénient. La vie universitaire est si différente de la vie dans le monde commun que les hommes qui vivent dans un tel milieu n'ont généralement aucune notion des problèmes et des préoccupations des hommes et des femmes ordinaires. De plus, leur façon de s'exprimer tend à priver leurs idées de l'influence qu'elles mériteraient d'avoir auprès du public. Un autre désavantage tient auprès du public. Un autre désavantage tient au fait que les universités sont des organisations, et qu'à ce titre, elles risquent de décourager celui dont les recherches empruntent des voies interdites. Aussi utile qu'elle soit, l'université n'est donc pas en mesure de veiller de façon adéquate aux intérêts de la civilisation dans un monde où tous ceux qui vivent en dehors de ses murs sont trop pris par leurs occupations pour s'intéresser à des recherches sans but utilitaire.

Dans un monde où personne n'est contraint de travailler plus de quatre heures par jour, tous ceux qu'anime la curiosité scientifique pourront lui donner libre cours, et tous les peintres pourront peindre sans pour autant vivre dans la misère en dépit de leur talent. Les jeunes auteurs ne seront pas obligés de se faire de la réclame en écrivant des livres alimentaires à sensation, en vue d'acquérir l'indépendance financière que nécessitent les œuvres monumentales qu'ils auront perdu le goût et la capacité de créer quand ils seront enfin libres de s'y consacrer. Ceux qui, dans leur vie professionnelle, se sont pris d'intérêt pour telle ou telle phase de l'économie ou du gouvernement, pourront développer leurs idées sans s'astreindre au détachement qui est de mise chez les universitaires, dont les travaux en économie paraissent souvent quelque peu décollés de la réalité. Les médecins auront le temps de se tenir au courant des progrès de la médecine, les enseignants ne devront pas se démener, exaspérés, pour enseigner par des méthodes routinières des choses qu'ils ont apprises dans leur jeunesse et qui, dans l'intervalle, se sont peut-être révélées fausses.

Surtout, le bonheur et la joie de vivre prendront la place de la fatigue nerveuse, de la lassitude et de la dyspepsie. Il y aura assez de travail à accomplir pour rendre le loisir délicieux, mais pas assez pour conduire à l'épuisement. Comme les gens ne seront pas trop fatigués dans leur temps libre, ils ne réclameront pas pour seuls amusements ceux qui sont passifs et insipides. Il y en aura bien 1 % qui consacreront leur temps libre à des activités d'intérêt public, et, comme ils ne dépendront pas de ces travaux pour gagner leur vie, leur originalité ne sera pas entravée et ils ne seront pas obli-

gés de se conformer aux critères établis par ce vieux pontifes. Toutefois, ce n'est pas seulement dans ces pontifes.
Toutefois, ce n'est pas seulement dans ces cas exceptionnels
que se manifesteront les avantages du loisir. Les hommes et
les femmes ordinaires, ayant la possibilité de vivre une vie
heureuse, deviendront plus enclins à la bienveillance qu'à la
persécution et à la suspicion. Le goût pour la guerre dispa-
raîtra, en partie pour la raison susdite, mais aussi parce que
celle-ci exigera de tous un travail long et acharné. La bonté
est, de toutes les qualités morales, celle dont le monde a le
plus besoin, or la bonté est le produit de l'aisance et de la sécurité, non d'une vie de galérien. Les méthodes de production modernes nous ont donné la possibilité de permettre à
tous de vivre dans l'aisance et la sécurité. Nous avons choisi,
à la place, le surmenage pour les uns et la misère pour les
autres : en cela, nous nous sommes montrés bien bêtes,
mais il n'y a pas de raison pour persévérer dans notre bêtise
indéfiniment.

NOTICE

"Éloge de l'oisiveté" parut pour la première fois en 1932
dans la *Review of Reviews*. Le texte fut repris dans un recueil

d'essais qui porte le même titre et qui fut publié simultanément à Londres et à New York en 1935.

Pas plus que leurs équivalents anglais, les mots *oisiveté* et
loisir ne cernent adéquatement la notion évoquée ici, et qui
nous semble héritée en droite ligne de ce que recouvrait en
latin le terme *otium*. Russel, qui était tout le contraire d'un
pédant, n'a pas voulu évoquer ce terme : qu'on veuille bien
nous pardonner de le faire à sa place, en regrettant que, tout
comme la pratique de la chose, le vocable qui la désigne soit
encore à réinventer.

M. P.